Oscar Straus, Maximilian. lbt Singer

Der Weise von Cordova

komische Oper in einem Aufzug

Oscar Straus, Maximilian. Ibt Singer

Der Weise von Cordova
komische Oper in einem Aufzug

ISBN/EAN: 9783744672429

Hergestellt in Europa, USA, Kanada, Australien, Japan

Cover: Foto ©Thomas Meinert / pixelio.de

Weitere Bücher finden Sie auf **www.hansebooks.com**

INTRODUCTION.

OSCAR STRAUS.

1. Scene.

4. Scene.

5. Scene.

6. Scene.

7. Scene.

(für sich.)
Was wird es sein?

K: traf vernimm es ohne Weilen!

Du bist zum Jüngling, bist zum Manne gereift, mit

Gunst vom Schicksal überhäuft! Nun ist es Zeit für Dich, ein Weib zu

(für sich.)
Das ist es! O Gott!

frei'n, die Wahl, ich traf sie schon, die Prinzessin ist's von Ar...

8. Scene.

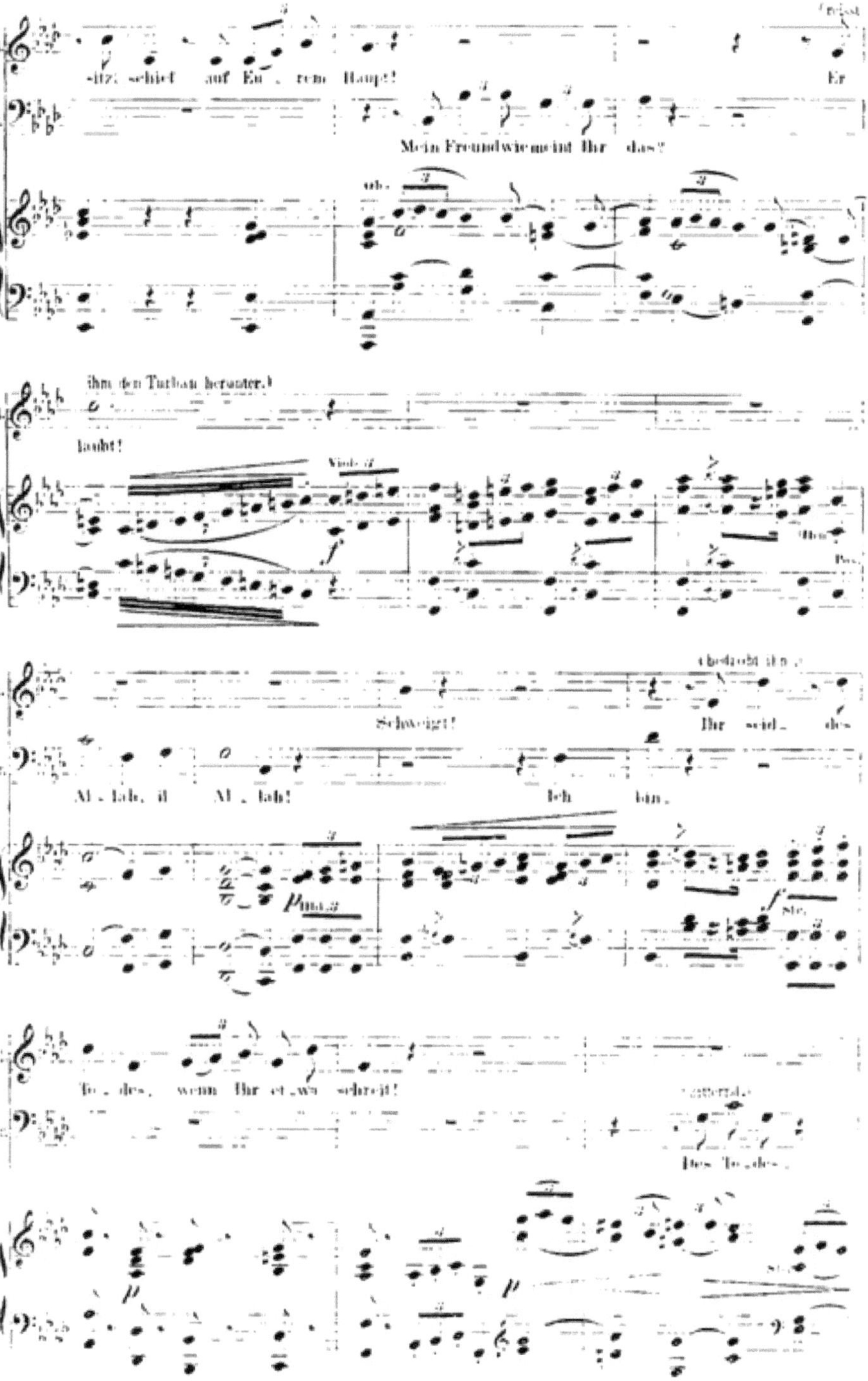

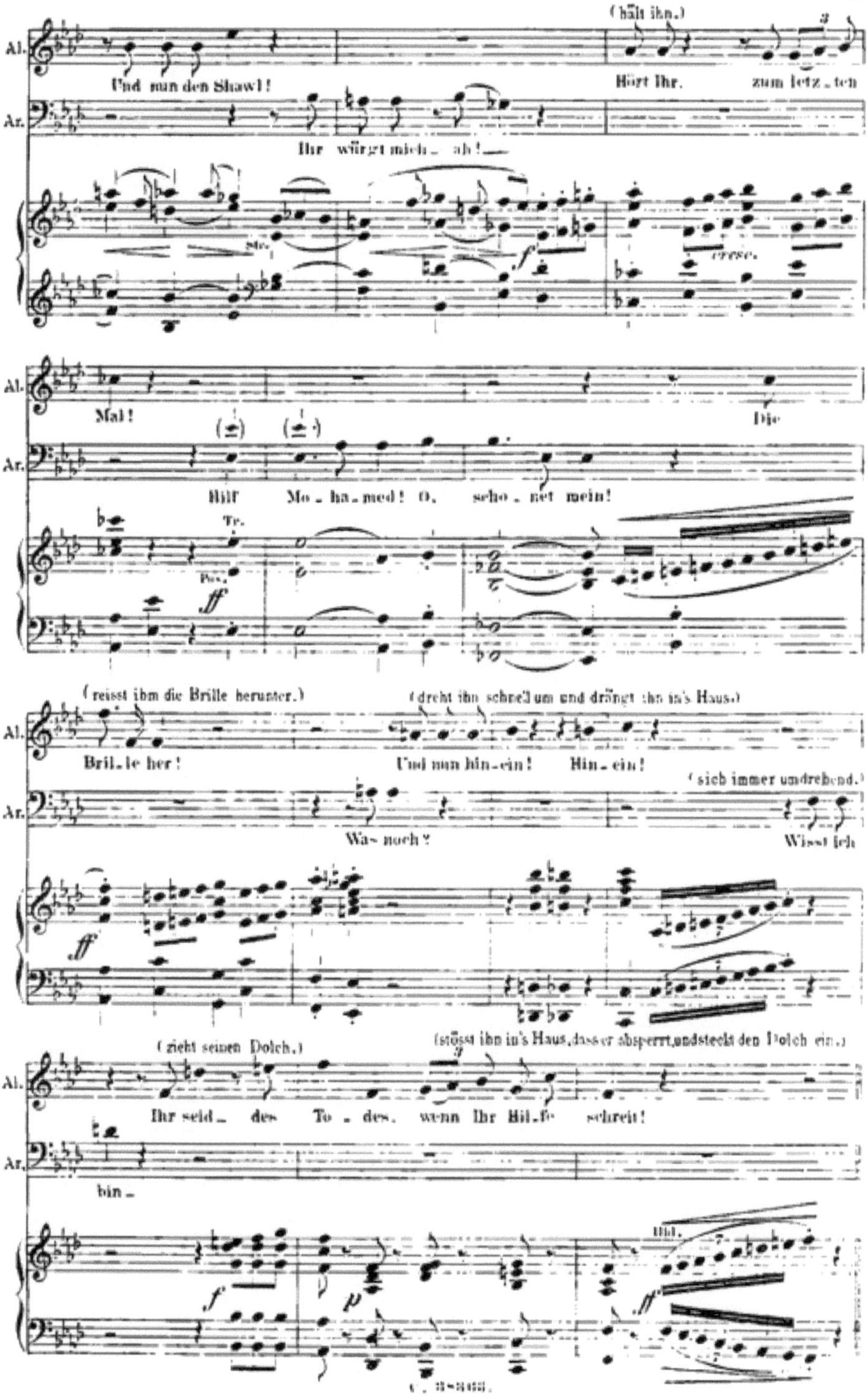

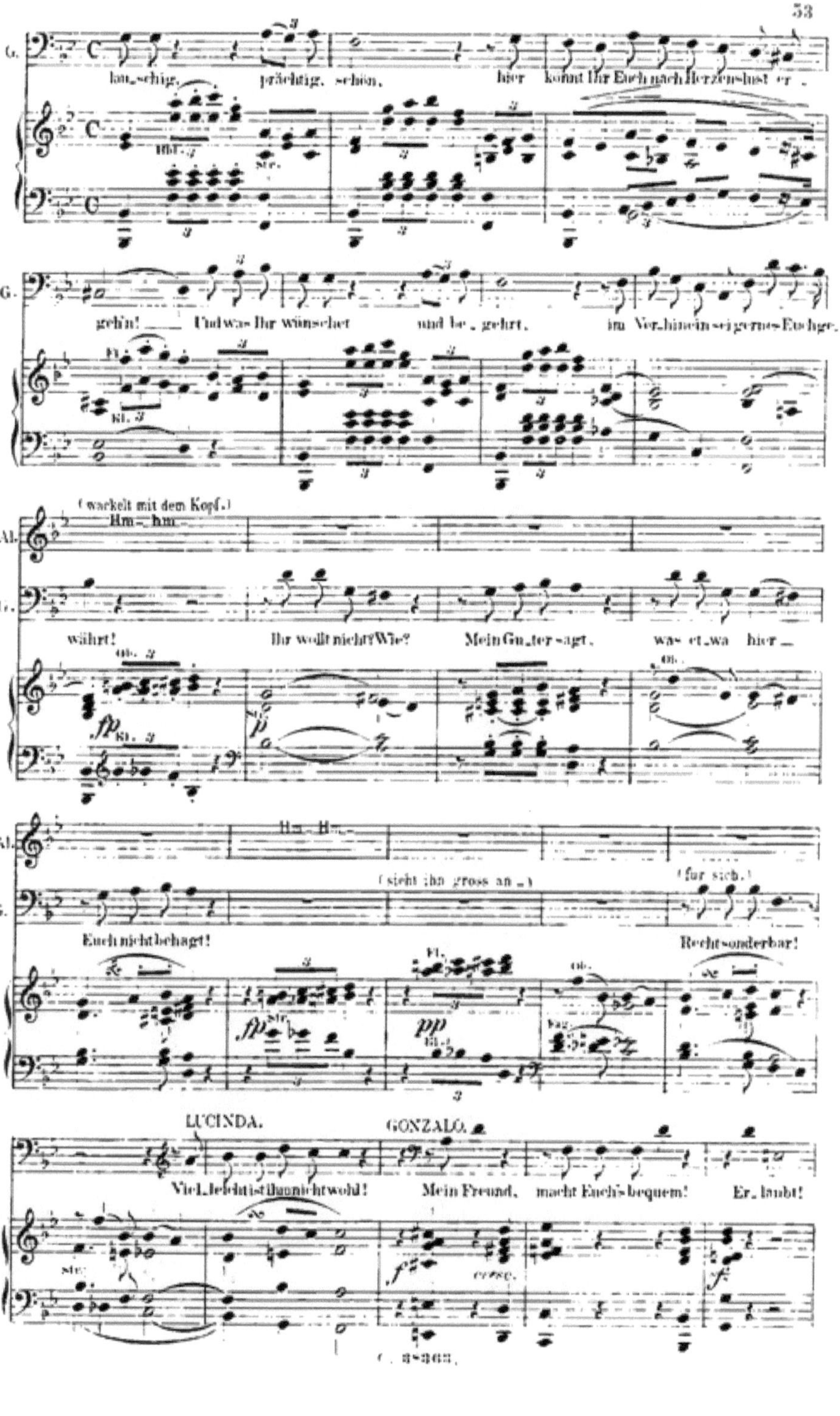
G.
lau_schig, prächtig, schön, hier könnt Ihr Euch nach Herzenslust er_
gehn! Und was Ihr wünschet und be_gehrt, im Vor_hinein sei gerne Euch ge_
(wackelt mit dem Kopf.)
Al.
Hm_hm
währt! Ihr wollt nicht? Wie? Mein Gut_ter sagt, was et_wa hier_
Hm_Hm
(sieht ihn gross an.)
(für sich.)
Euch nicht behagt!
Recht sonderbar!
LUCINDA.
GONZALO.
Viel_leicht ist Ihm nicht wohl!
Mein Freund, macht Euch's bequem!
Er_laubt!
Fl.
Ob.
Kl.
Str.
Fag.
fp
pp
cresc.

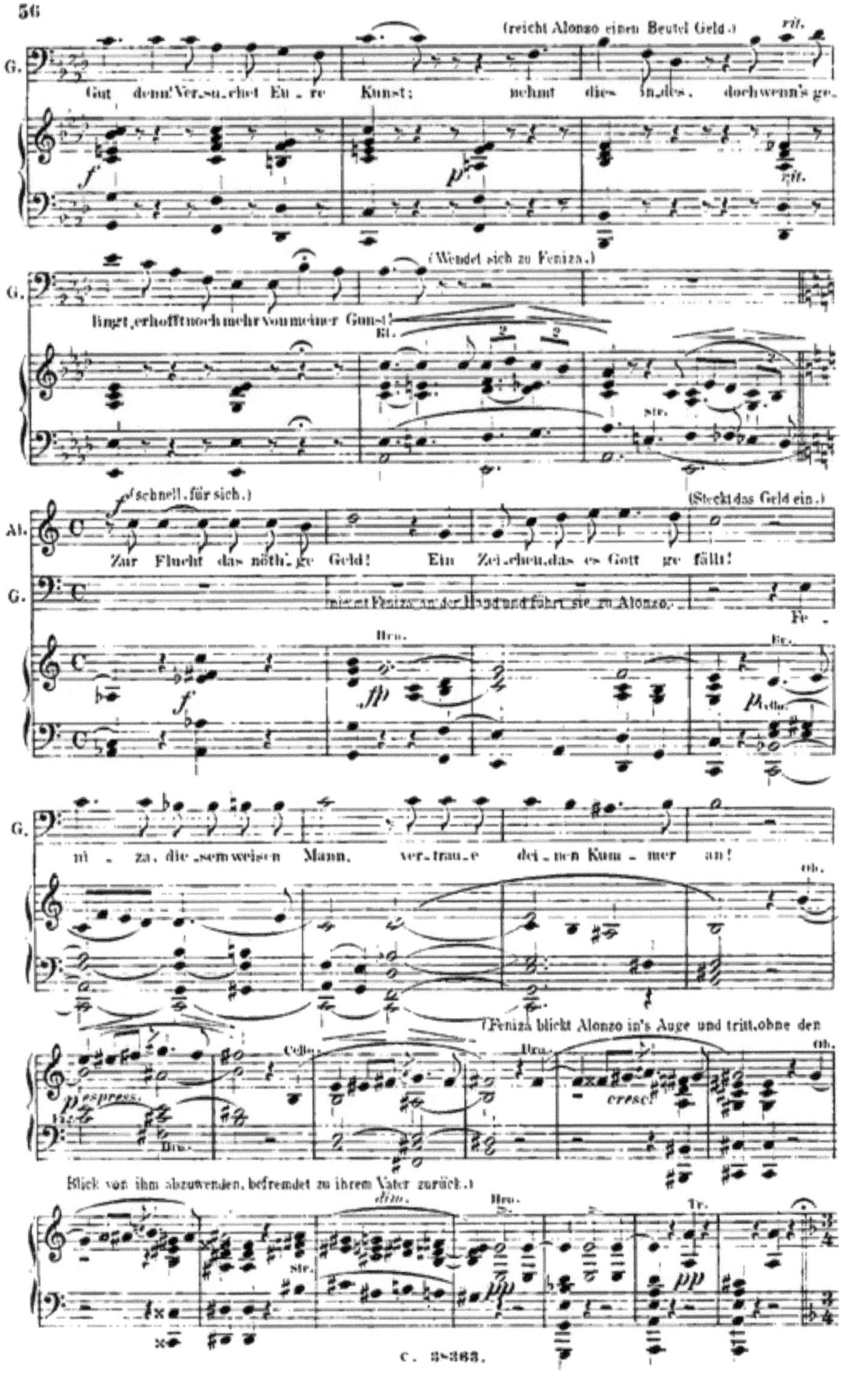
(reicht Alonzo einen Beutel Geld.)
rit.
G.
Gut denn! Ver-suchet Eu-re Kunst; nehmt dies in-des, doch wenn's ge-
f
p
rit.
(Wendet sich zu Feniza.)
G.
lingt, erhofft noch mehr von meiner Gunst!
Fl.
Str.
(schnell, für sich.)
(Steckt das Geld ein.)
Al.
Zur Flucht das nöth-'ge Geld! Ein Zei-chen, das es Gott ge-fällt!
G.
nimmt Feniza an der Hand und führt sie zu Alonzo.
Fe-
Hrn.
Fg.
f
pp
p Vclle.
G.
ni-za, die-sem wei-sen Mann, ver-trau-e dei-nen Kum-mer an!
Ob.
(Feniza blickt Alonzo in's Auge und tritt, ohne den
p espress.
Celle.
Hrn.
cresc.
Ob.
Br.
Blick von ihm abzuwenden, befremdet zu ihrem Vater zurück.)
dim.
Hrn.
Tr.
Str.
pp
pp

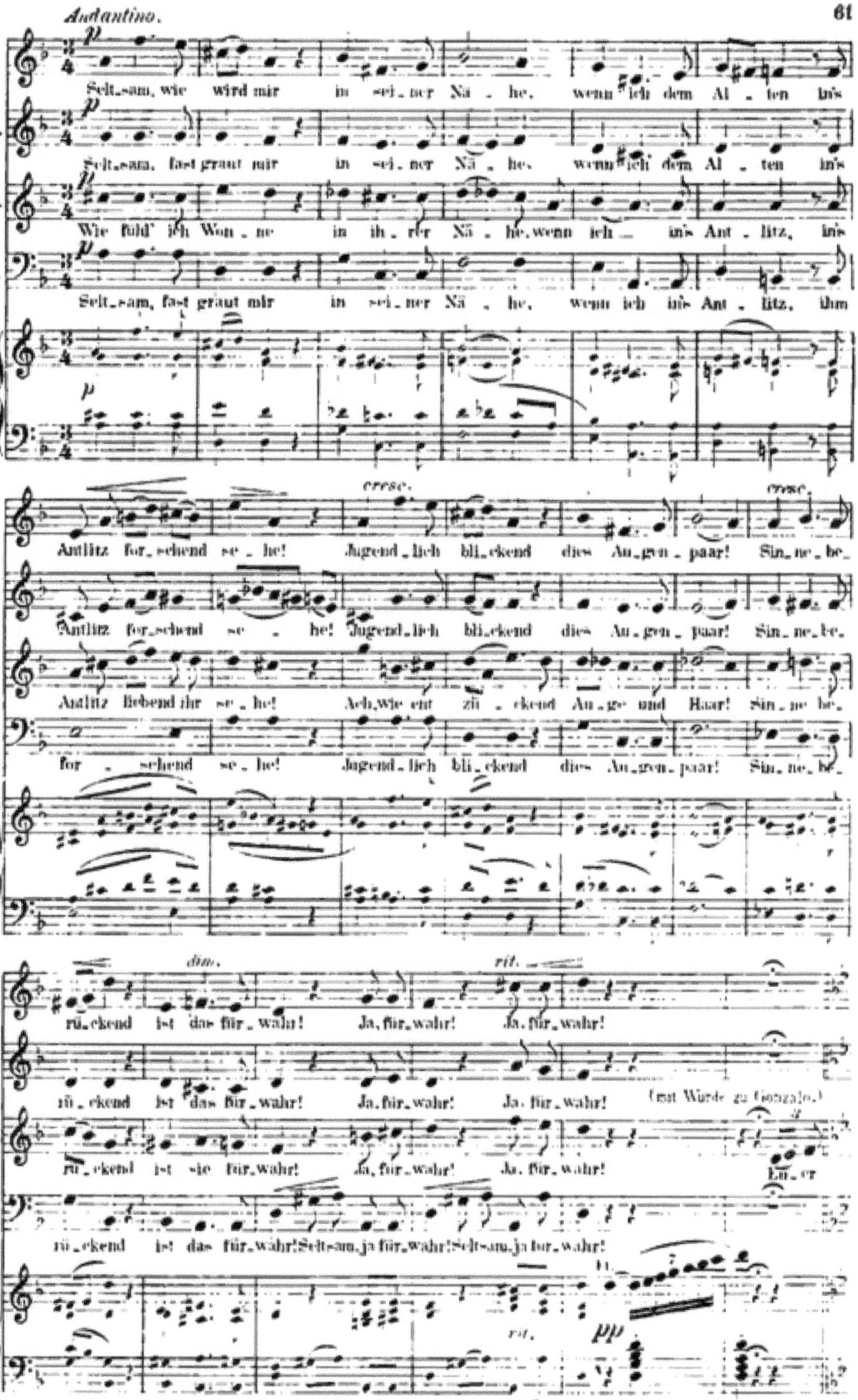
Andantino.
F.
L.
Al.
G.
Selt_sam, wie wird mir in sei_ner Nä_he, wenn ich dem Al_ten in's
Selt_sam, fast graut mir in sei_ner Nä_he, wenn ich dem Al_ten in's
Wie fühl' ich Won_ne in ih_rer Nä_he, wenn ich_ in's Ant_litz, in's
Selt_sam, fast graut mir in sei_ner Nä_he, wenn ich in's Ant_litz, ihm
cresc.
Antlitz for_schend se_he! Jugend_lich bli_ckend dies Au_gen_paar! Sin_ne_be_
Antlitz for_schend se_he! Jugend_lich bli_ckend dies Au_gen_paar! Sin_ne_be_
Antlitz liebend ihr se_he! Ach, wie ent zü_ckend Au_ge und Haar! Sin_ne_be_
for_schend se_he! Jugend_lich bli_ckend dies Au_gen_paar! Sin_ne_be_
dim.
rit.
rü_ckend ist das für_wahr! Ja, für_wahr! Ja, für_wahr!
rü_ckend ist das für_wahr! Ja, für_wahr! Ja, für_wahr!
(mit Würde zu Gonzalo.)
rü_ckend ist sie für_wahr! Ja, für_wahr! Ja, für_wahr! Eu_er
rü_ckend ist das für_wahr! Selt_sam, ja für_wahr! Selt_sam, ja für_wahr!
pp

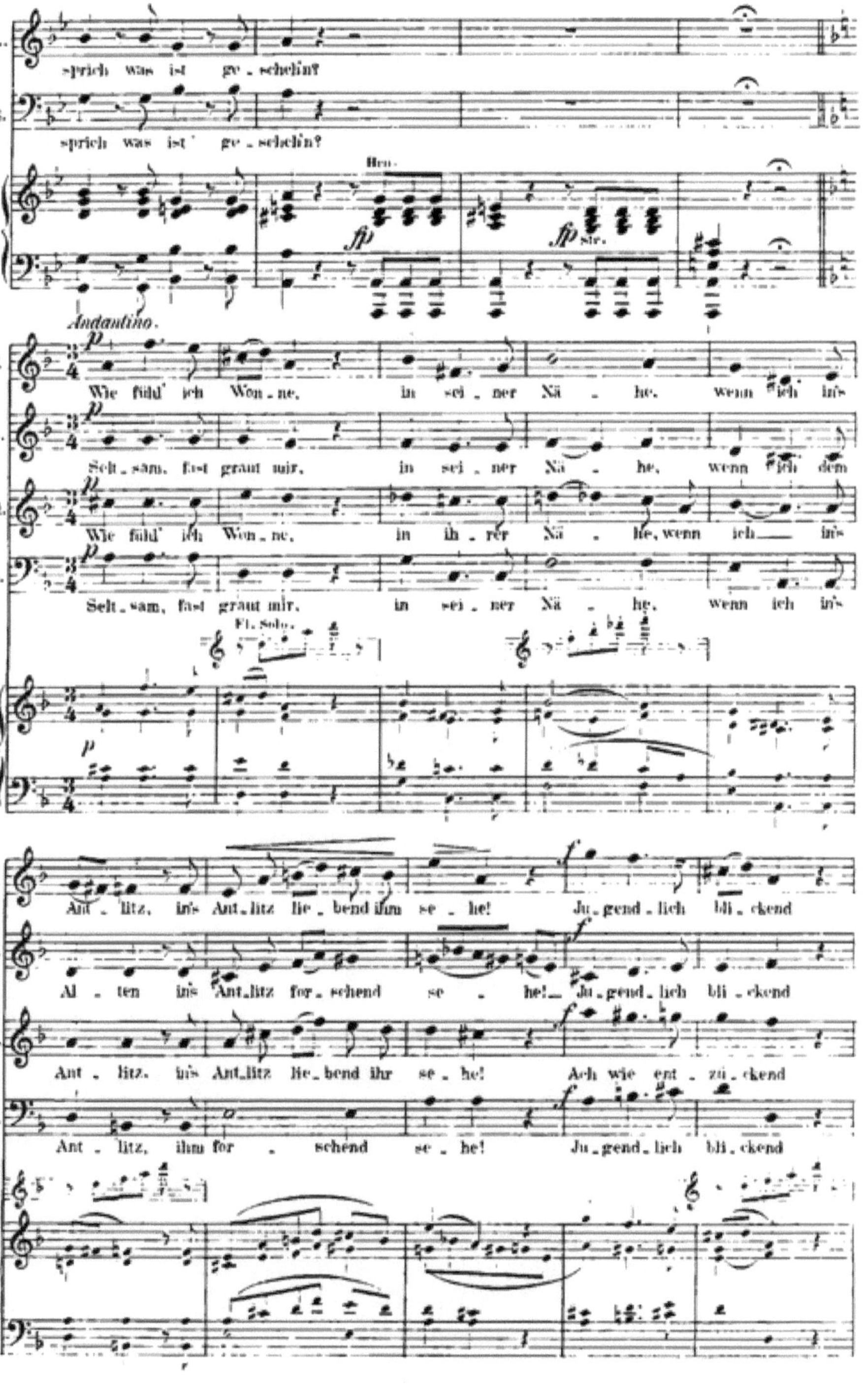
L.
sprich was ist ge_schehn?
G.
sprich was ist ge_schehn?
Hrn.
fp
fp
Str.
Andantino.
F.
p
Wie fühl' ich Won_ne, in sei_ner Nä_he, wenn ich ins
L.
p
Selt_sam, fast graut mir, in sei_ner Nä_he, wenn ich dem
Al.
p
Wie fühl' ich Won_ne, in ih_rer Nä_he, wenn ich ins
G.
p
Selt_sam, fast graut mir, in sei_ner Nä_he, wenn ich ins
Fl. Solo.
p
F.
Ant_litz, ins Ant_litz lie_bend ihm se_he! Ju_gend_lich bli_ckend
L.
Al_ten ins Ant_litz for_schend se_he! Ju_gend_lich bli_ckend
Al.
Ant_litz, ins Ant_litz lie_bend ihr se_he! Ach wie ent_zü_ckend
G.
Ant_litz, ihm for_schend se_he! Ju_gend_lich bli_ckend

11. Scene.